SIEMPRE ESTUVE AQUI

Andrés Miranda

SIEMPRE ESTUVE AQUI

Siempre estuve aquí es una colección de notas personales, historias, reflexiones y editoriales que he guardado a lo largo del camino.
Algunas fueron publicadas en diferentes medios y es posible que el lector se haya encontrado con ellas en una revista, un periódico o en facebook.
El título, alude a varias cosas. Al terminar de leer las notas, quizás el lector le dé algún significado.
También alude a que nunca estamos realmente solos. Dios siempre estuvo aunque no pudimos verlo, ni oirlo ni sentirlo.
Siempre estuve aquí es un mensaje para los amigos, nunca nos vamos del todo. Lo que se lleva en el corazón no se puede olvidar.
Siempre estuve aquí es un mensaje a mí mismo, he cambiado, pero sigo siendo el mismo y sigo estando donde quiero estar.

Andrés Miranda
Cleveland, TN
Septiembre, 2009

ISBN: 978-1-59684-787-3

M.E.N.T.O.R.
Mentoring- Empowering- Nurture- Training- Organize- Reproduce
www.mentorinternacional.com

info@mentorinternacional.com

PROLOGO A LA SEGUNDA EDICION

Originalmente íbamos a imprimir el libro otra vez, pero nos dimos cuenta que desde la primera vez muchas cosas pasaron. La vida es muy dinámica y creativa.

Por ello decidimos realizar una "edición ampliada", es decir agregando algunas nuevas historias que el lector disfrutarará sin lugar a dudas.

Aprovechamos la ocasión también, para darle al libro un nuevo formato y presentación.

Gracias a Sofía Soriano y Ana Miranda que colaboraron en la corrección y a Evelin Lara que plasmó su arte en la nueva portada.

Andrés Miranda
Cleveland, TN
Mayo 2013

SUMARIO

Gracias

Gracias a todas las personas que aparecen en las historias. Ellas forman parte de la hermosa realidad que es la vida.
Gracias a Ana porque me ha hecho mejor. A las niñas porque son mi vida.
Gracias a mi madre que vio todo antes y me regaló la primera máquina de escribir, cuando cumplí 15 años.
Gracias a Aby que me ayudó a poner en orden mis escritos y formar esta colección.

1

LA BANDA DE ROCK

El primero que llegó fue Andrés, pelos parados, jeans con agüjeros y una guitarra en la mano. Después vino Seba, el baterista. Dios comenzó a trabajar en ellos muy rápido, al punto, que después de los ensayos, sentados al borde de la calle, aún un poco mareados y con la vista nublada, trataban de leer la Biblia, bajo la luz blanca de un farol público. Se afirmaron en la iglesia, y me pidieron para ensayar en el templo. Hablábamos mucho. ¡Tenían tanto entusiasmo! Cuando se enteraron de que la Convención Distrital sería en nuestra iglesia, me pidieron para tocar. Temeroso, les dije que sí. Ensayaron como locos. Tenemos cuatro canciones me dijeron unos días antes. ¡No, están locos! les respondí. Preparen una... y oren para que no me echen de la organización, pensé. Mi preocupación eran mis colegas pastores, mis autoridades eclesiásticas, la gente de otras iglesias que vendrían, tal vez era la primera vez en su vida que iban a ver y a escuchar una banda de rock y quizá la última... ¡y en la iglesia! Oré mucho esos días. No quería que los criticaran, que los rechazaran... ¡Ni que me echaran a mí! Ellos eran tan genuinos y tan llenos de pasión. Su cambio era real a pesar de su apariencia de grupo de *rock pesado*. Un día me dijeron, "pastor usted no puede ir a evangelizar a nuestros amigos, con esa *pinta* no lo van a recibir. Déjenos eso a nosotros."

El día llegó. La iglesia estaba llena. Los pastores en primera fila, los viejitos fundadores y pioneros en la segunda, estaba todo el mundo.

Llegó el turno, mi líder me dijo que los presentara yo. "Les presento a *Guerra Santa*, un grupo de jóvenes músicos que le han entregado su vida y su música a Cristo."

Cuando subieron ejecutaron los primeros acordes, nadie podía dudar que fueran una banda de rock. La canción era su propio testimonio. Fueron tres minutos muy largos para mí, no sabía cómo iba a reaccionar la gente. Cantaron con todo su ser, se podía percibir la obra del Espíritu Santo en esos muchachos más allá de su aspecto y de su estilo musical. Cuando terminaron se hizo un silencio. Luego, casi al unísono, todo el mundo se puso de pie y empezaron a aplaudir, y a aplaudir, y a aplaudir... como 5 minutos. Algunos con lágrimas en los ojos... como yo al escribir esto, varios años después.

2

CON EL PAPEL ATORADO

Aby es mi asistente en la oficina de la Editorial. Es una persona muy servicial y eficiente en su trabajo. Pero el otro día hubo algo que no pudo hacer. Tenía que imprimir un trabajo y no había manera de que la impresora respondiera. La hora apremiaba, *el jefe* presionaba y la máquina no reaccionaba. Pude notar el nerviosismo y la frustración en ella. Probó de mucha formas pero la impresión no quedaba como queríamos. Finalmente, ya pasados de la hora, resolvimos dejar el asunto para el día siguiente. Ella es un persona que no se da por vencida facilmente, así que el hecho de no lograr que la máquina funcionara correctamente fue como una pequeña derrota.

Al día siguiente, a primera hora, escuché unos ruidos y golpes en la oficina contigua. Era Aby batallando con la impresora. "En cualquier momento lanza la impresora por la ventana", pensé. De pronto escucho su alegre exclamación "¡Pastor, ya lo descubrí: tenía un papel atorado!"

Allí estaba la máquina toda abierta, y una hoja arrollada en el fondo de su engranaje. Aby la retiró con gozo y al instante la impresora volvió a funcionar correctamente expulsando una hoja nueva con una impresión impecable.

Esa máquina nos enseñó algo ese día. Así hay muchas personas a nuestro alrededor, que no están funcionando correctamente. No es que sean malas, no es que sean un caso perdido... ¡tienen el papel atorado!

Un malentendido, un sentimiento herido y un pensamiento incorrecto pueden convertirse en un *papel atorado*. Una palabra mal dicha, una broma pesada, una frustración del momento también pueden ser la hoja arrugada en el fondo de nuestro engranaje emocional y que nos impide funcionar adecuadamente.

Cuando tenemos algo atravesado en nuestra vida no producimos, andamos de mal humor, mal entendemos a la gente, alejamos a los amigos; al fin y al cabo ni nos toleramos a nosotros mismos. Pero gracias a Dios siempre hay alguien insistente, que nos quiere, que no nos tiene miedo, y que viene y nos ayuda a destrabar el papel. A veces tiene que ser firme, tiene que *desarmarnos la estructura*, pero finalmente descubre el problema y nos ayuda a quitar el papel atorado.

Cada día Dios nos da una hoja en blanco para producir una impresión excelente. Si algo sale mal, mañana nos dará otra.

Cada día Dios nos da una hoja en blanco para producir una impresión excelente.
Si algo sale mal, mañana nos dará otra.

3

DIOS Y EL CINE

Dios es como los directores de cine que a veces, cuando producen una película hacen el final primero. Después van armando la trama y el desarrollo de la historia que desembocará en aquel gran final.

Dice la Biblia que Dios preparó "de antemano, buenas obras para que anduviésemos en ellas…" O sea que Él ha pensado una cosa grande respecto de ti y todo lo que vives y te sucede, malo y bueno, te va conduciendo a donde Él te quiere llevar. Quizás algo malo que te sucedió ayer, te puso en el lugar bueno donde estás hoy.

La clave es desarrollar discernimiento y ser selectivo, porque todo lo que hacemos nos acerca o nos aleja de nuestro propósito en Dios.

4

LAS BICICLETAS

Cuánto daría usted por montarse a una bicicleta junto a su pareja o su mejor amigo y recorrer, en una tarde de sol, la campiña de un pintoresco pueblito del norte de Italia? O quizás pasear en ella una fresca mañana por la costa del Mediterráneo o descubrir sobre ruedas los secretos de un parque en París...? Las bicicletas son amigas de la gente. Ellas comparten con sus dueños momentos inolvidables que marcan su vida.

No obstante, yo tuve conflicto con las bicicletas. Una vez siendo niño, acepté la invitación de una amiguita para montar en su bicicleta. Aunque ésta era grande, no podía rechazar el ofrecimiento y quedar como un cobarde. La verdad... no sabía andar. La tomé como si fuera el más experimentado ciclista del mundo. Fueron dos vueltas de pedal y en segundos mi pequeño cuerpo estaba sobre el asfalto de la calle, con la bicicleta encima.

De todos modos, la bicicleta era un anhelo. En mi barrio, además era un símbolo de *status* económico. Si no tenías una, eras pobre. Poco a poco, cada año, cada uno de mis amigos se iba haciendo de la suya. Chicos y chicas poblaban las tardes de verano y la plaza del lugar en un desfile multicolor de bicicletas. Todos éramos amigos, hasta que llegaba la tarde y yo me apartaba. Desde el frente de mi casa los miraba alejarse dando pedal hacia la felicidad. Mis padres no podían comprarme una bicicleta, no para mí solo. Eramos siete hermanos.

Pero un día ocurrió el milagro. Fue en enero, en pleno verano y era verde, brillante, preciosa... La trajeron los *reyes magos*, un 6 de enero y la dejaron sobre una línea de siete pares de zapatos… los de todos nosotros. Una para todos. Por fin tenía bicicleta!

Aprendí a andar enseguida y ahora, cada tarde, era uno más en el grupo de los muchachos y muchachas corriendo en bicicleta. No fue ésa, sin embargo, la bicicleta que marcó mi vida.

Mi padre siempre había tenido bicicleta, y como yo era pequeño ella se me hacía gigante. El la usaba para ir a la iglesia, visitar a los enfermos, repartir folletos y otras tareas de su ministerio pastoral. La iglesia se la había donado, porque los hermanos estaban impresionados por su dedicación, recorriendo a pie muchas veces largas distancias y creían que de esa manera él podría hacer más y mejor trabajo.

En cierta ocasión él me acompañó en un día muy importante de mi vida: el día que subí solo por primera vez a un autobús. El no fue conmigo, fue en su bicicleta, siguiendo el bus de atrás, de cerca, para que yo no tuviera miedo. Mientras lo veía, efectivamente me sentía confiado. Pero a veces el bus aumentaba la velocidad y lo perdía. Se quedaba muy atrás, era la máquina contra la sangre, contra la fuerza de sus piernas. No era justo. Y me daba mucha tristeza. El hacía un esfuerzo sobrehumano y al poco rato ya estaba otra vez casi pegado a la ventana trasera del bus. Pero tampoco esa fue la bicicleta que marcó mi vida.

Ocurrió en octubre del 2001, en una esquina de New York. Me impresionó mucho. Estaba amarrada a un poste de hierro cubierta de un polvo blanco, como petrificada. Era la bicicleta de un muchacho, repartidor de pizza. El había subido a entregar un pedido a una de la Torres Gemelas. Nunca bajó. Varias semanas después ella aún lo esperaba.

5

LA GUITARRA

Corría el año 1976 ó 77. Yo tenía 13 ó 14 años. La música ya era una pasión y el deseo de tener mi propia guitarra me consumía. Un día me fui a "DOREMI", una tienda de instrumentos musicales en el centro de la ciudad. Llevé dinero, poco, muy poco. Elegí la guitarra que más me gustaba, verde y negra con cuerdas de acero. La chica a cargo me miró con compasión y me dijo: "No te alcanza el dinero, no puedes llevarla". Le pregunté qué podía hacer, me dijo que podía comprarla en cuotas mensuales. Le dije que sí, pero me dijo: "Tiene que venir una persona mayor de edad a firmar el papel". Salí de allí enojado y frustrado, sin la guitarra. Frente a la tienda había una parada de ómnibus, y un hombre estaba esperando allí. Me acerqué y le dije, "quiero comprar una guitarra pero me piden la firma de una persona mayor, podría entrar y firmar?" El hombre me miró como si yo fuera marciano y me dijo: "estás loco, yo no puedo hacer eso!" Volví a mi casa derrotado. Mi padre me dijo: "Tienes que conseguirte un trabajo y ahorrar dinero, así la podrás comprar".

Un vecino me empleó para ayudarle en su carpintería. Poco tiempo después, volví a la tienda con mi madre y salí con la guitarra! Ví al hombre varias veces después, nunca le dije nada pero una vez me paré con la guitarra enfrente de él. Pobre, qué culpa tenía...!

El otro día, con mi hija Estefanía de 12 años, entré a "GUITAR CENTER", la famosa tienda de instrumentos en Estados Unidos

Más de treinta años después... casi la misma escena. A ella le despertó el interés por la música y empezó a tomar clases de guitarra. Por supuesto, el deseo de tener una ya le consumía. Estuvimos un buen rato rodeados de guitarras de todo tipo, precio y color. Nos sentamos con algunas, para probarlas, tocamos, afinamos y finalmente elegimos una. La que más le gustó... Linda, suave, clásica y "*es de marca*", dijo.

La compramos. Mientras el muchacho de la tienda nos cobraba, mi hija me dio un abrazo y me dijo "*gracias*", estaba feliz...

Aquella vez fui a la tienda solo, no puede comprar la guitarra y salí frustrado. Ayer fui con mi hija y salí... agradecido.

6

SECRETOS DE AMOR

Conocí a Ana en febrero de 1982, en un campamento de verano. Ese día le tomé varias fotos. Creo ser uno de los pocos que guarda fotos del día que conoció a su esposa. No me aceptó al principio, pero le escribí varias cartas... y ya saben, cedió.

Sí, yo quedé *enganchado* desde el primer día que la ví. Tuvimos 2 años de noviazgo y nos casamos el 7 de marzo del 84. Tuvo que firmar mi padre porque yo era menor... Llegué tarde al registro civil, casi no nos casan. La ceremonia en la iglesia fue una fiesta, cantidad de gente, amigos y familiares. Mi padre nos casó, en la luna de miel bailé por primera vez, y fuimos regañados porque nos dieron un cuarto con dos camas y nosotros hicimos una con los dos colchones en el piso... qué querían? Ahora pienso que el regaño fue en broma.

De ahí para acá todo fue una gran aventura, de fe, de esperanza, de amor, de lágrimas y risas, de luchas y victorias. Dios ha sido más que bueno con nosotros y lo único que le pido es que Ana siga a mi lado. Esa fue la clave y con eso tengo todo lo demás.

Anoche le regalé un álbum de vida con fotos, cartas, recuerdos y memorias de nuestra vida juntos. El sábado, si Dios quiere estaremos bajo la luz de la luna, oyendo el ruido del mar...y le daré otro regalo. Pero eso, se los cuento en la próxima nota... dentro de 25 años.

7

LA FUERZA DE LOS HECHOS

Mi padre fue pastor por casi 30 años, hasta los 51 que fue la edad en que falleció.

Por aquellos años la costumbre era tener dos servicios entre semana y la reunión principal el día domingo. A veces eran dos reuniones. Mis hermanos y yo éramos de los miembros más fieles en la iglesia, de los que se sientan en la primera fila. Claro está, no por decisión personal. Estar ahí cada servicio, de cada semana, de cada mes, de cada año no era para cualquiera.

Desde que comencé a tener capacidad de entender algo hasta que estuve en la iglesia, yo llegué a contabilizar que le oí a mi padre más de dos mil sermones! El abría la boca y yo ya sabía qué iba a decir.

Ahora, si usted me preguntara acerca de esos sermones, l*a verdad es que no recuerdo casi ninguno.* Por más esfuerzo que haga, no recuerdo sus sermones. Lo que sí recuerdo y le puedo describir en detalle es c*uando jugaba conmigo*. A él le gustaba el boxeo y cuando llegaba a casa por las tardes, se ponía a boxear conmigo. Siempre me ganaba, yo llevaba más golpes que él, pero no me importaba. Lo importante era que estaba conmigo y que yo significaba algo para él.

Recuerdo en detalle cuando me llevaba en sus viajes misioneros, cuando cocinaba en casa los domingos entre la Escuela

Dominical y el culto de la tarde o cuando mi mamá estaba enferma y el asumía el mando de las tareas de la casa. Recuerdo cuando se quedaba por las noches después que todos íbamos a la cama y limpiaba la cocina y el comedor. Recuerdo la diligencia con que se preparaba para ir a la iglesia, y lo recuerdo subido a los techos para repararlos cuando llovía mucho.

Recuerdo cuando muchas veces él mismo limpiaba cada banco del templo o pintaba los carteles que anunciaban los días y horarios de las reuniones. Es decir, recuerdo todo lo que hacía y casi nada de lo que decía.

Sus hechos dejaron huellas profundas en mí. Sus actos quedaron grabados en mi memoria. Como cuando, estando yo casado, él iba a hacer arreglos físicos a mi casa o cuando siendo pastor, él dejaba su iglesia para ir y ayudarme en la construcción de mi nuevo templo.

Siempre lo que quedan son los hechos. Las palabras se las lleva el viento.

Si quiere dejar un legado a sus hijos, preste atención a lo que hace. Si quiere enseñar a su gente en la iglesia no se limite a dar sermones, si quiere dejar un testimonio en la comunidad realice cosas concretas a favor de la gente.

De buenas intenciones y de palabras bonitas, las personas ya están cansadas. Haga la diferencia con la fuerza de los hechos.

Siempre lo que quedan son los hechos. Las palabras se las lleva el viento.

8

CUANDO LOS PADRES CALLAN

Hace pocos días supe que Carina no tendrá su fiesta de cumpleaños de 15. Sus padres la cancelaron. Ella está desconsolada. Ellos dicen que es en castigo porque se ha comportado muy mal, está poniéndose muy rebelde y de alguna forma la tienen que disciplinar. Yo les aconsejé que fueran sabios porque esa decisión parece que sólo agregará más rencor y resentimiento al corazón de ella. Esta es una historia de incomprensión y falta de comunicación entre padres e hijos que se arrastra de tiempo atrás.

Muchos padres recurren al camino de la disciplina férrea, porque el camino del diálogo es más largo y difícil y ellos no quieren recorrerlo. Muchos padres no tienen comunicación con sus hijos no porque no hablan, sino porque *no escuchan*. Hay padres que entienden el diálogo desde una única vía: hablar, hablar y hablar. Pero nunca escuchan a sus hijos. El problema de esto es que los hijos no prestan atención a lo que sus padres *dicen*, porque están enfocados en observar lo que sus padres *hacen*. Es la fuerza de los hechos.

Mi padre fue pastor de una iglesia. Yo le escuché cientos de sermones y conferencias. Si usted me pregunta, no recuerdo casi ninguno. Pero si me pregunta cosas de su vida, lo que hacía, cómo vivía y cómo nos trataba... recuerdo absolutamente todo. Iba los domingos al mercado y traía las frutas y verduras para la semana. Era el último en irse a dormir por las noches porque se quedaba limpiando la cocina. Hablaba largas horas con mi madre, le contaba todo. Se levantaba en la madrugada para ver si mis hermanos y yo estábamos bien arropados en la cama. Jugando, boxeaba conmigo. Me pegaba más golpes él a mí que yo a él. Pero no me importaba porque el gozo mío era que él estaba conmigo.

La marca en la vida de nuestros hijos no la dejan nuestros sermones o discursos. La dejan nuestros actos.

Sólo las palabras negativas, de burla y de desprecio dejan marcas imborrables en la mente de los niños. Las palabras moralistas no dejan nada si no van acompañadas de un ejemplo visible. Hay padres que dicen *"no hagas como yo, no fumes que te hace mal"*. Eso es un doble discurso que daña a los hijos. No hay mejor manera de enseñar que con el ejemplo. Los hijos escuchan poco pero observan mucho.

Los padres a los que sólo les gusta hablar, no saben qué les pasa a sus hijos. No conocen sus problemas, no saben quiénes son sus amigos, ignoran sus sueños y frustraciones. Cuando su hijo se envuelve en la droga o su hija se va con un muchacho mayor, ya es tarde para darse cuenta de que además de hablar un padre tiene que escuchar.

Cuando los padres callan, los padres escuchan. Cuando los padres escuchan, entienden. Cuando los padres entienden… pueden ayudar.

La marca en la vida de nuestros hijos no la dejan nuestros sermones o discursos. La dejan nuestros actos.

9

ENTRE LA PREVENCION Y LA ESTADISTICA

Hace unos días, mi esposa y yo celebramos aniversario de casados. Lo hicimos cenando en un bonito restaurante. A pesar de que era una noche de lluvia, el ambiente adentro era muy acogedor. Mientras saboreábamos un deliciosa comida, recordamos los viejos tiempos, anécdotas y recuerdos. Fue un momento muy agradable.

La verdad es que en la semana habíamos recibido algunas malas noticias de matrimonios conocidos. En un incontrolable impulso de violencia un hombre que conocíamos, que nos había hospedado en su casa, mató a su esposa. El otro caso, un antiguo profesor, un hombre muy querido, estaba separándose de su esposa. Otro matrimonio que conocíamos, supimos por esos mismos días que estaba iniciando su divorcio. Demasiado para una sola semana, ¿verdad?

Estar con mi esposa en una cena íntima en un bonito lugar fue un oasis, pero mi mente no dejó de recordar la tristeza y la frustración de aquellos amigos envueltos en tales problemas.

No sé si más que antes, pero la familia y especialmente el matrimonio, está en crisis. *Muy pronto comenzaremos a ver los divorcios de los matrimonios homosexuales*. Están de moda hoy en día, pero pronto surgirán los problemas y también ellos pedirán el divorcio como piden ahora el casamiento.

La sociedad está cambiando vertiginosamente y no alcanzamos a ponernos al día con esos cambios cuando otros ya están ocurriendo. Los valores están en crisis. Los *anti valores* están siendo promovidos con descaro. Todo ello afecta a la familia y ataca a los matrimonios. Y justo es decirlo, no mucho se arregla con el divorcio. Hay un problema en el interior de las personas. Hay soledad y frustración. Hay rencor y falta de perdón. Hay corazones heridos y fatiga. El divorcio no es más que la consecuencia de un proceso largo y profundo, de un deterioro de los afectos y de la relación.

Mi gran preocupación no es en sí el hecho de que tantas parejas se separan hoy en día, sino la falta de *políticas de prevención.* Alguien tiene que hacer algo a tiempo. Alguien se tiene que dar cuenta cuando una pareja comienza a evidenciar en público los problemas que tienen en privado. Alguien tiene que estar dispuesto a dar una mano cuando todavía es posible corregir y restaurar.

Este es un llamado de alerta a los consejeros, pastores, maestros y líderes. No podemos quedarnos a *sumar y estudiar estadísticas.* Tenemos que actuar a tiempo, diseñando programas, estrategias y acciones que contribuyan a prevenir problemas que destruirán a familias completas.

Salvando a la familia, salvaremos a niños y salvaremos naciones.

Mi gran preocupación no es en sí el hecho de que tantas parejas se separan hoy en día, sino la falta de políticas de prevención.

10

SER UN PASTOR

Yo le había dicho a mi padre que nunca iba a ser pastor. Soy el mayor de ocho hermanos y él era pastor desde los 17 años. Yo le había visto pasar por muchos sufrimientos y carencias y no quería lo mismo para mí. No obstante, en todos sus años de ministerio, más de treinta, nunca lo oí quejarse o renegar. Es más, siempre me dio la impresión de que no había nada en el mundo que le interesara más que ser un pastor. Y eso quedó en mi mente.

Yo me envolví en el periodismo y las publicaciones y los años pasaron. Un día Dios me llamó a mí. Y me pidió que dejara todo. El llamado de Dios no es opcional. A un lado quedaron mi profesión y mi carrera como periodista en el mundo secular. Lo que había dicho que nunca iba a ser, ahora era lo que más deseaba hacer. Entré al ministerio a tiempo completo y comencé a pastorear mi primera iglesia a los 27 años. Nunca voy a olvidar el día en que estábamos construyendo el nuevo templo y dejando por unos días su propia iglesia, mi padre vino, se puso a mi lado y me ayudó. No me dijo nada esa mañana, pero creo saber lo que sentía. Su hijo mayor era un pastor, como él.

Él me dejó crecer, al principio yo creía saber cómo se hacían las cosas. Él sólo esperaba, al cabo de unas semanas yo estaba buscando su consejo y su sabiduría. Después, soplaba el barquito de mi incipiente ministerio para que navegara más lejos. Con cada impulso que él me daba yo avanzaba hacia nuevos mares y nuevos desafíos. Yo iba hacia delante pero sabía que él estaba en la playa, listo para el próximo consejo y la siguiente lección. Muchas veces a los largo de los años que fui pastor, regresé a buscar su dirección y su ayuda. Un día, después de pelear grandes batallas, de lograr grandes victorias, de "matar osos y leones", de alcanzar imposibles... regresé "a la playa" y él ya no estaba.

Como un joven aprendiz de *samurai* que busca a su maestro, como Eliseo al lado del río, así me sentí. Para la iglesia yo era un ministro ordenado, pero para mí yo era todavía un discípulo... y mi maestro no estaba.

Me sentí solo y lloré. Después, abracé el llamado y no lo solté hasta el día de hoy. Mi padre fue mi Elías. A su lado y durante los años de mi propio ministerio, aprendí que un pastor es un maestro. Pero un maestro que enseña con su vida y con sus actitudes. Uno aprende más de un pastor viéndolo vivir su fe, que escuchando sus sermones.

Si tuviera que resumir las cosas más importantes para ser un pastor diría que lo principal es amar a la gente, servirle y enseñarle.

Nunca es la tarea de un pastor cambiar a la gente. Esa es la tarea del Espíritu Santo. Tampoco es la tarea de un pastor edificar una gran iglesia, esa es la tarea de Jesucristo que dijo: "yo edificaré mi iglesia". La tarea de un pastor es amar a las personas, servirles ministrándoles a sus necesidades y darles alimento sólido y fresco a través de la enseñanza y la predicación. Si esto hace tendrá una iglesia saludable, que al igual que un hijo sano, la iglesia sana crece sola.

Un día voy a reencontarme con mi padre, en otra patria y en otra playa. Después de abrazarlo un largo rato voy a decirle: valió la pena.

11

LA OFICINA PASTORAL

Cómo se siente usted cuando entra a la oficina del pastor? Hay oficinas en las que uno entra y le da ganas de quedarse, pero en otras le da ganas de irse pronto. Hay oficinas donde uno se siente cómodo y otras donde uno se siente fuera de lugar. Hay algunas donde uno se siente alentado a hablar y otras donde uno prefiere callar. ¿Qué es lo que hace la diferencia? ¿Cuál es la conexión entre la oficina y el que la ocupa? ¿Cuál es la conexión, si la hay, con el que a ella entra? ¿Cuál es el rol de la oficina pastoral? ¿Cómo se sienten las personas cuando están allí?

La oficina pastoral es un lugar importante y clave en el desarrollo del ministerio de una iglesia. Allí se va a notar qué piensa el pastor de la gente y cuán importante es la gente para él. De lo que piense el pastor o líder acerca de la gente, dependerá en gran medida el éxito de su ministerio. Ni más ni menos.

Habitualmente el pastor o el ejecutivo, montan la oficina a su gusto. La pintan y la arreglan de acuerdo a su criterio. Pero no sólo será su lugar de trabajo, también será el lugar **donde recibirá a la gente**. Así que algunas cosas las acomoda pensando en las personas que van a llegar. Coloca sillas, adornos y por supuesto sus diplomas, credenciales y certificados enmarcados y en un lugar visible. Al final, los criterios usados para acomodar la oficina son primero, su propio gusto, segundo, impresionar a las personas que entren de una manera positiva. Los resultados no siempre son los mejores.

Hay oficinas que son un santuario de homenaje al que la ocupa. Están saturadas de sus propias fotografías, trofeos, cuadros y aún recortes de diarios y revistas. El visitante no puede más que pensar que está en la oficina de alguien muy importante.

Otras oficinas han sido montadas con los mejores muebles, alta calidad y refinamiento. Hay alfombras y un inmenso escritorio detrás del cual está un pastor inalcanzable y lejano.

Hay oficinas que son como el pasillo de una universidad, cargada de diplomas y certificados de estudios. Realmente impresiona cuánto ha estudiado esa persona! Otras, como una donde entré hace poco, son extrañas. Era la oficina de un pastor que es fanático del fútbol. Imagínese. Tenía fotos de su equipo favorito por todas partes, fotos de los jugadores, pelotas autografiadas, trofeos ganados por el equipo de la iglesia, camisetas de diversos equipos… no parecía la oficina de un pastor, definitivamente!

La oficina dice mucho del que la ocupa y de lo que quiere que la gente vea o piense de él. Tenía un amigo que su oficina era un lugar super ordenado y limpio. Su escritorio siempre estaba brillante y despejado. Cuando entré a la oficina de su ayudante me di cuenta *quién era el que hacía el trabajo en esa empresa.*

Por otro lado, hay oficinas pastorales que son un caos. Sólo sobrevive una Biblia encima de una montaña de libros y papeles, entre tazas de café sin lavar, juguetes de los niños, un teclado de computadora que no sirve y objetos varios regados por el piso.

A lo que quiero llegar es que si para usted la gente es una prioridad en su ministerio, usted debe reflejar eso también en su oficina. Ellos van a llegar allí con sus problemas, sus cargas, sus preguntas y sus anhelos. Por lo tanto no es usted el que debe sentirse a gusto en la oficina pastoral, sino ellos. *La oficina pastoral no debe ser un lugar para exhibir cuán importante es quien la ocupa sino quien la visita.*

Debe ser un ambiente acogedor donde la persona se sienta a gusto y confiada para hablar y compartir sus necesidades. La oficina pastoral es un símbolo de lo que es la iglesia. Por lo tanto debe reflejar el mensaje correcto: nos interesan las personas, amamos a la gente y queremos servirle. El pastor o el personal que la ayuda debe pensar desde el punto de vista de las personas cuando instala la oficina pastoral. No es el lugar para "vender" al pastor, su pasado o sus logros. Es un lugar de ministración, de consejería, de reconstruir vidas. Es un lugar donde no vamos a admirar a una personalidad sino a buscar un amigo, un maestro, un confidente… un pastor.

He aquí algunos consejos prácticos:

-Arregle su oficina de una manera sencilla pero acogedora.

-Coloque sillas o sillones cómodos para la gente que llega. No use un súper sillón para usted y una silla de cocina para el visitante.

-No sature las paredes de premios y diplomas, no coloque nada que intimide o haga sentir inadecuada a las personas. Usted es lo que la persona está viendo, no lo que dicen sus diplomas. Si va a colocar diplomas, coloque los más importantes pero en un lugar discreto.

-Use colores cálidos y discretos para las paredes. Los colores influyen en el estado de ánimo de las personas. Si su oficina es de un rojo brillante ni usted querrá estar mucho ahí dentro, lo mismo si es un ambiente oscuro u opresivo.

-No se quede detrás del escritorio cuando la gente venga a hablar con usted. El escritorio se convierte en un símbolo de superioridad, pone distancia entre usted y la persona y se convierte en una barrera en la comunicación. Usted no quiere eso y la persona menos. Siéntese cerca de la persona, si es posible en el mismo tipo de silla, dé la impresión de que tiene interés de hablar con ella.

-Deje a un lado el teléfono, la agenda y sus papeles. Su trabajo son las personas, no los papeles.

-Coloque plantas y lámparas de luz cálida para lograr un ambiente más hogareño y confortable. Procure que los muebles y cuadros mantengan una coherencia o relación en los colores. No ponga una cosa de cada color, como las tiendas de ofertas.

-Los libros y las cortinas ayudan a crear una sensación de confianza y tranquilidad para hablar, para trabajar, estudiar y orar.

-Procure que la oficina tenga ventanas o puertas de vidrio que dejen ver lo que está ocurriendo dentro, cuando usted está con alguien o si está solo. No hay que darle lugar al diablo, decía mi abuela.

-Siempre es bonito para ellos, para usted y los visitantes, ver fotografías de su familia y de su esposa.

-Puede ubicar también algunos objetos como relojes, cuadros, llaveros u otras cosas que usted colecciona y que dejen ver que también es una persona normal con gustos y preferencias.

Pero nunca como mi amigo futbolista!

-Si usted no se da mucha idea, puede pedirle a alguien de su familia o de la iglesia que le ayude a arreglar una oficina bonita y agradable para usted y para los demás.

La conclusión siempre es la misma. Somos lo que somos más allá de las apariencias o la estética. No podemos ocultar lo que somos, ni podemos ser lo que no somos. Lo mejor es ser auténticos, no tratar de impresionar a los demás, reflejar nuestro corazón y nuestro amor y carga por las personas.

Eso sí, no acomode su oficina tan acogedora que después no le de ganas de salir de ella. Nuestro trabajo es con la gente donde quiera que la gente esté y muchas veces estarán afuera.

12

LA LAGUNA

Mi amigo Miguel Álvarez me contó esta historia.
Dice que cuando era un niño, su papá lo llevaba a él y a sus hermanos a pescar a la laguna. Allí estudiaba el lugar y les decía: Vamos al otro lado.
Los muchachos protestaban:

- ¿Por qué no nos quedamos aquí? El lugar es cómodo, hay buena sombra y podemos pasarlo bien.
- Es que del otro lado están los pescadores, decía el pastor Álvarez. *Si quieres pescar observa dónde están los pescadores.*
- Pero allí hay mucha gente, aquí podemos pescar tranquilos, insistían los hijos.

Con la sabiduría del tiempo el padre preguntaba:

- ¿Por qué creen que allá están los pescadores? ¡Porque ahí es donde están los peces!!! Si quieres tener una pesca productiva, *pesca donde están los peces.*

Movidos por esa suerte de revelación, los hijos finalmente aceptaban ir de ese lugar hacia el área donde aquellos hombres estaban muy concentrados pescando. Al llegar al lugar, el padre trataba de ver *qué tipo de carnada estaban usando*. Por ejemplo si estaban usando gusanitos o algún otro tipo de carnada.
La curiosidad de los niños no se hacía esperar.

- ¿Por qué, papá?

- Tal vez hoy están aquí sólo los peces que les gusta los gusanitos. Si usamos otro tipo de carnada no vamos a pescar nada…

Para tener una pesca abundante a*verigua con qué tipo de carnada están picando los peces de ese lugar*.

Algunas veces los pescadores usaban cañas con hilos, otras veces redes… Según la ocasión, los hombres experimentados empleaban uno u otro elemento de pesca. Había días que echaban la red, esperaban y al rato sacaban una cantidad de peces. Otras veces, luego de perder muchas horas las redes salían vacías. Sin embargo, cuando tiraban el anzuelo los peces picaban.

- Para poder aprovechar bien el tiempo y recoger muchos peces *hay que usar el método adecuado y ser flexible para cambiarlo por otro si no funciona*, enseñaba el padre.

Finalmente, cuando había reunido toda la información necesaria, los Álvarez ponían manos a la obra y seguían el consejo del padre sabio: "*Disfruten de la pesca*".

Aquel día en la laguna, y sin darse cuenta, don Álvarez le estaba dando a sus hijos una poderosa lección de iglecrecimiento y evangelismo.

Repasemos la clase de la laguna:

1. Si quieres pescar observa dónde están los pescadores.
2. Si quieres tener una pesca productiva, pesca donde están los peces.
3. Para tener una pesca abundante averigua con qué tipo de carnada están picando los peces de ese lugar.
4. Para poder aprovechar bien el tiempo y recoger muchos peces hay que usar el método adecuado y ser flexible para cambiarlo por otro si no funciona.
5. Disfruta de la pesca.

13

CORTANDO OREJAS

Una de las cosas más incoherentes que puede haber, es ser herido dentro de la iglesia. La iglesia es un lugar de sanidad. Sin embargo andan muchos *Pedros* sueltos con la espada en la mano, cortando orejas...

Tengo muchos amigos, que con el correr de los años me voy enterando que ya no están en la iglesia. No quieren saber de nada. Fueron heridos por los Pedros o por los Saúl... los tiradores de lanzas. Los que quieren una iglesia para ellos solos. Los que no tienen compasión ni paciencia. Mucho menos amor. Los exigentes, que no se toleran ni a ellos mismos y por eso no toleran a los demás.

Hay una iglesia fuera de la iglesia, llena de gente que no sabe cómo explicar a sus hijos las experiencias que han vivido, el dolor y la desilusión, no de Dios. No están desilusionados de Dios, sino de los hombres. Y ahora se protegen, están a la defensiva... Los entiendo. Mi idea es dejar solos en las iglesias egoístas a los que quieren el cielo para unos "pocos pero buenos". Y crear una iglesia abierta, donde sean aceptados los que nadie acepta. Donde no te pregunten por qué te ensuciaste, sino te ofrezcan agua para limpiarte. Donde no te miren con una lupa, sino te abran los brazos para un abrazo.

Una iglesia inclusiva, redentora, llena de misericordia, donde te permitan sentarte a los pies del Maestro y llorar hasta cansarte. Y sanarte en su presencia. No es tan difícil.

14

OPINOLOGOS

La iglesia está llena de opinólogos.

No llena, repleta. Nos encanta decirle a los demás lo que tienen que hacer. Tenemos una opinión sobre todo y acerca de todo. Tenemos la mejor estrategia... para el otro. Reaccionamos ante todo, discutimos sobre todo. Algunos le llaman libertad, otros pensamiento crítico.

Yo le llamo *verborragia.*

Mucha palabra poco poder, mucha opinión poca revelación.

Voy a ser más directo, muchas iglesias y ministerios están estancados por exceso de opinión. Mucho análisis produjo parálisis. Hablamos del cambio pero no nos arriesgamos a ejecutarlo. Meditamos el cambio. Fabricamos justificativos. Para cada cosa tenemos una excusa... o sea una explicación inútil de por qué no hicimos lo que teníamos que hacer.

Hace poco leí que hay dos clases de personas, las que hacen cosas y las que se han vuelto expertos en decir *cómo se hacen las cosas*. Uno no puede hablar con una persona que, cual rifle cargado, tiene una opinión sobre todo. Tenemos que aprender a escuchar. A contemplar al otro y a entender su mensaje. Pero eso no se logra, a menos que callemos.

En realidad hay que ser más valiente para callar que para hablar. Dice la Biblia que "hasta el necio cuando calla pasa por sabio".

El hombre es esclavo de sus palabras pero dueño de sus silencios. No me gustan los hombres que hablan mucho. No me gusta Chávez, no sólo habla mucho, sino que no escucha. No tenemos que opinar sobre todo, tenemos que escuchar y aprender "a guardar cosas en el corazón" para meditar en ellas. Como en la época de Samuel, escasea la palabra de Dios.

Sobran opinólogos, pero faltan profetas.

Voy a ser más directo, muchas iglesias y ministerios están estancados por exceso de opinión. Mucho análisis produjo parálisis.

15

HACER MISIONES NO ES TOMAR FOTOS

Para mucha gente "misiones" es algo que hacen los "misioneros". Esos misioneros son señores de cabeza blanca y anteojos, que tienen una cámara de fotos y una Biblia bien grande y que van a países remotos donde no se sabe bien qué hacen.

Para otros, hacer misiones es enviar dinero para que se compren cajas de zapatos deportivos y decenas de camisas de colores y se repartan entre un grupo de alegres jovencitos de un país pobre del tercer mundo.

Para otros hacer misiones es colgar un gran mapa del mundo en su oficina, o algunas banderitas de diferentes países sobre su escritorio y orar por las naciones de vez en cuando.

Pero la verdad es que hacer misiones no es tomar fotos, no es enviar dinero, no es viajar, no es tener un mapa.

Hacer misiones no es enseñar dónde está la ventana 10/40. No es vestirse con un traje típico y cargar una bandera. No es llenar un sobre de Promesa de Fe *que nunca se envía.*

No es *"turistear"* o sea hacer turismo con una Biblia en la maleta. Hacer misiones es hacer lo que hicieron mis amigos Josué y Andrea, un joven matrimonio de profesionales, que se fueron a un país del sur de Asia y allí están hace cinco años "enseñando inglés" y salvando vidas.

Hacer misiones es lo que hizo Elisa, una joven enfermera uruguaya que dejó todo y se fue a Tailandia. Allí está hace años haciendo una tremenda tarea evangelizadora.

Hacer misiones es lo que están haciendo Mónica y Daniel que dejaron atrás su casa, su familia, su iglesia local y se fueron para predicar a Cristo en remotos pueblitos franceses donde no hay una sola iglesia evangélica.

Misiones es lo que está haciendo Teresa en la India, ella dice *"Dios puso un amor en mí por India"*, ella dejó su Chile natal y se marchó a servir a Dios.

Es lo que están haciendo Ron y Rhonda en el altiplano boliviano. Ellos dejaron casa, trabajo y profesión para ir a evaneglizar a los *aymara*.

No son los únicos, hay muchos más. Ellos están dejando sus vidas, su sangre, su sudor, en lugares que nosotros nunca vamos a pisar. Ellos están haciendo lo que hay que hacer, algunos haciendo lo que nunca imaginaron hacer.

Hacer misiones es sacar agua de la roca, es comer lo que nunca te imaginaste comer, es ensuciarte los zapatos, es caminar al rayo del sol, es que te coman los mosquitos, es enfermarte y no tener una farmacia, es cumplir años y no tener quien te lo celebre, es correr al correo a ver si alguien te escribió o si llegó la ofrenda prometida. Es dejar una iglesia levantada, un grupo de discípulos, una marca en una comunidad, un trabajo bien hecho. Es que aquellas extrañas personas que conociste un día, te abracen y lloren el día que te vas. La iglesia de Antioquia es un buen ejemplo de lo que es hacer misiones. Guiados por el Espíritu Santo ellos sintieron la carga y enviaron a Bernabé y a Saulo. *Era una iglesia local enviando a dos de sus mejores hombres.*

Hacer misiones es sentir carga y urgencia por los que se pierden. Es hacer de misiones una prioridad en la iglesia local. No es esperar, es tomar la iniciativa. Es ir donde nadie ha ido y hacer lo que nadie ha hecho. Es predicarle a los que nunca han escuchado y hacer de ellos discípulos de Cristo. Es dar lo mejor, aún los mejores hombres y mujeres.

Es ser las manos y los pies de Dios para alcanzar a los que no han sido alcanzados.

16

MÁS FE Y MENOS RELIGIÓN

Cuando uno le pregunta a las personas acerca de su fe, muchas se declaran religiosas e incluso cristianas. La verdad es que mucha de esa gente no es ni lo uno ni lo otro, pero ellos asocian la fe con la religión. Fe y religión no son la misma cosa.

La religión puede ser un conjunto de creencias a las cuales uno se adhiere con más o menos entusiasmo, con más o menos compromiso. Puede llegar a ser incluso, un conjunto de prácticas que uno realiza una vez al año como asistir a la iglesia en Semana Santa; o una vez en la vida, como el bautismo, la ceremonia de casamiento o el servicio religioso en el funeral. Pero la fe es distinta.

La fe es una convicción espiritual interna que incide en lo que somos y en lo que hacemos. Una persona con fe tiene una pasión, una persona religiosa tiene un ritual. Una persona con fe tiene una misión, una persona religiosa tiene una costumbre.

La fe es un motor que nos mueve a ser agentes de cambio. Primero de nuestra propia vida y luego del mundo que nos rodea. La fe es un sentimiento profundo que abarca la totalidad de la persona. La fe influye en su manera de pensar y de actuar. La religiosidad no. La religiosidad trabaja para las apariencias y la tranquilidad de la conciencia. No necesitamos más religiones en el mundo, ni más religiosos. No necesitamos tampoco fanatismos ni fanáticos.

Necesitamos hombres y mujeres de fe. Gente con una fe profunda en Dios y en los valores del reino de Dios.

Esta será la clase de fe capaz de mover las montañas del odio, la corrupción, la inmoralidad y la injusticia. Esta será la clase de fe que pone la mira en los demás, no para destruirlos sino para ayudarlos.

Solamente hombres de fe, no religiosos, van a hacer la diferencia en esta generación. Los religiosos hablan mucho pero no hacen nada. Los hombres y mujeres de fe hablan lo justo y hacen lo que hay que hacer.

Una persona con fe tiene una misión, una persona religiosa tiene una costumbre.

17

NO RENUNCIES

Hace algún tiempo le pregunté al líder de un importante ministerio con alcance internacional, si alguna vez en situaciones de crisis había pensado en renunciar. "Mil veces" me dijo y aunque me sentí sorprendido, un sentimiento de alivio me invadió al instante.

Por ese tiempo yo mismo estaba pensando en renunciar y ello me hacía sentir con culpabilidad. Doble problema: tomar la decisión y cargar con la culpa. El alivio que experimenté conversando con ese líder, fue porque yo pensaba, como muchos, que él jamás habría pensado en renunciar. Yo sabía que él había soportado las peores tormentas, sin embargo su ministerio había permanecido y ahora estaba ahí: reconociendo aquello, pero con las manos firmes sobre el timón de su barco.

Hoy día, muchos años después, sigue conduciendo su ministerio, ha crecido y está mejor que antes.

Yo tampoco renuncié en aquel momento. Con aquella charla entendí que a veces nos sentimos presionados y buscando un alivio a la presión tomamos decisiones que no son correctas. Por ejemplo, la de renunciar. Muchas veces cansados y deprimidos pensamos en "cortar por lo sano" o "bajar la cortina"... Creemos que así se soluciona el problema, sin pensar que quizás estamos creando otro mayor.

Como seres humanos estamos propensos a reaccionar negativamente ante los problemas. Es parte de nuestra indiosincracia. Hay personas que piensan más en el problema que en la solución. Luego vienen sentimientos de autocompasión y enseguida aparece la idea de renunciar.

A veces, esa idea es una suerte de "venganza" o castigo para aquellos que de alguna manera no nos entienden o no nos apoyan. En otras ocasiones nos frustra no tener los resultados que quisiéramos tener.

Hay ocasiones en las que sólo tenemos la visión. No hay recursos ni hay personal. En otras ocasiones lo único que tenemos es una promesa de Dios. Pero ya sea que estés presionado por los problemas, que no encuentres la salida, que no te entiendan, que no tengas mucho apoyo, o que no veas los resultados: no renuncies. En el film *"Gritos en la oscuridad"* un misionero en Africa decía en medio de la fiebre amarilla y la oposición de nativos hostiles: "*He eliminado una palabra de mi vocabulario, es la palabra retroceder.*"

Cuando Moisés al frente del pueblo, se encontró cercado por el ejército egipcio a sus espaldas y el imponente Mar Rojo delante, la orden de Dios fue terminante: ¡Avanza! *"Dile al pueblo que marche!"* y las aguas se abrieron al paso de un hombre decidido.

Cuántas veces Moisés se encontró solo frente a todo un pueblo que lo cuestionaba y desafiaba su liderazgo. ¡Muchos de nosotros habríamos renunciado en una situación semejante! Sin embargo él tenía un llamado de Dios y a él se aferraba. Dios lo respaldaba y él permanecía, aún solo. Este es el precio que muchos no quieren pagar, soñar solo, trabajar solo...esperar solo. Sin embargo n*adie está solo cuando la visión es de Dios.* Cumplido el tiempo florecen los frutos, llega el tiempo de la honra y del testimonio. Por todo ello no renuncies.

El profeta Daniel se puso a orar y ayunar y nada pasó. Persistió por varios días y el cielo parecía de bronce. Pasó una semana... dos y nada. Continuó su búsqueda por 21 días hasta que ¡por fin!, Dios se le presentó. Lo impactante es que el ángel del Señor le dice: *"Daniel desde el primer día... fueron oídas tus palabras..."* ¡Pero tuvo que esperar y perseverar 21 días! **Muchos dejan de orar el día antes de la bendición.**

Cuenta la Biblia que Ana oraba y clamaba por un hijo pues era estéril, "cada año" soportaba la humillación y la amargura, "lloraba abundantemente" y se lo pedía a Dios. Sin renunciar, persistía hasta que el sacerdote se molestó. Pero Dios *"se acordó de ella"* y Ana concibió y dió a luz a Samuel. Dios nos ha mandado a *"mover montañas"*, a *"correr con paciencia la carrera que tenemos por delante" y a "ser fiel hasta la muerte".* Cada problema es una oportunidad para que Su poder se manifieste. Para que ocurran milagros y nuestra fe crezca. Que Dios nos va a ayudar es una promesa que se cumplirá, que tenemos que «pelear la batalla de la fe» es una orden que tenemos que cumplir. Aquel día que contaba al principio, rompí el papel de mi renuncia, le dije a mi equipo *"el ministerio sigue"...*

Nadie está solo cuando la visión es de Dios.

18

LAS POSICIONES Y LOS AMIGOS

Algunas personas son la posición que tienen. Ellos piensan, hablan y se visten de acuerdo a la posición que tienen. Tratan a los demás desde la perspectiva de si le obedecen o no. Desde un escalón más arriba todo se ve diferente. Para empezar, los demás están más abajo y eso... eso es como una droga.

Cuando te sientes por encima de los demás, no puedes vivir sin ello. Tu identidad se fusiona con el cargo. Entonces cortas cabezas, eliminas competencia, asciendes a los que te dicen que sí y borras a los que te dicen que no. Obviamente, te vas quedando solo. Los amigos que no mataste, salieron huyendo despavoridos.

He conocido líderes "casitodopoderosos", que drogados por el poder y la obsesión por mandar y controlar, no se dan cuenta de la soledad en la que comienzan a vivir. A veces rodeados de gente, pero es gente que los quiere agradar, no que los quiere.

He podido ver que detrás (o dentro) de alguien autoritario y mandón, todavía está el niño que fue... escondido debajo de la mesa. Si eres lo que tu posición representa, si pierdes la posición, ¿quién eres? Por eso muchos se aferran a los cargos, por el pánico de "dejar de ser" cuando no lo tengan. En esa lucha cotidiana por ser el cargo que tienen, van perdiendo amigos.

La verdadera influencia no se obtiene necesariamente por medio de una posición jerárquica, pero tampoco cesa cuando ya no ocupas un lugar en la organización. Ya está dicho, la posición no hace al líder, el líder hace la posición.

Jesús dijo a sus discípulos ya casi al final del viaje, *"a partir de ahora no los llamaré más siervos, ahora los llamaré amigos. Al siervo hay que decirle lo que tiene que hacer pero al amigo no, porque ya lo sabe..."* Ellos fueron parte de la visión de Jesús, no trabajaron PARA él, trabajaron CON él.

Entonces subieron a un nuevo nivel de relación. Después de eso, Pedro se equivocó muy feo, cuando se dio cuenta se quiso morir: negar al Maestro! Pero Jesús vino, hizo un fuego en la playa y se sentó con él. *"Somos amigos te dije, da vuelta la página, voy a confiar en tí otra vez... apacienta mis ovejas."* Con ese gesto, el maestro sanó el corazón del discípulo herido. Pero algunos andan como Saúl, tirandole lanzas a David. David no devolvió ninguna, porque con un loco inseguro alcanzaba.

Los amigos son las personas que vendrán a sentarse contigo a platicar de nada y de todo... cuando ya no seas presidente o jefe de algo.

En realidad, las posiciones son oportunidades de servicio. Pero siempre son temporales, mientras que los amigos... los amigos son para siempre.

Ellos fueron parte de la visión de Jesús, no trabajaron PARA él, trabajaron CON él.

19

MORIR CON LAS BOTAS PUESTAs

"*Un siervo de Dios nunca se retira.*", me dijo un veterano ministro casi ofendido. La verdad es que pensar en la jubilación es un momento muy difícil en la vida del hombre, sea ministro o no. Para muchos, pensar en ello es pensar en la muerte. Nadie quiere sentarse a esperar la muerte!

No obstante, es cuestión de enfoque. Hay más razones por las que a un hombre no le gusta pensar en el tiempo del retiro. También son válidas en la vida de la Iglesia. No debemos olvidar que los pastores y líderes cristianos son personas de carne y hueso. La gente los idealiza y ellos mismos se creen algunas cosas acerca de sí mismos que nunca deberían creer. "*No te tomes a ti mismo tan en serio*", me dijo una vez un líder mentor.

Hay un par de razones por las cuales un ministro, líder o pastor no se quiere retirar. La más dramática de todas es porque no han tenido una vision de futuro y porque no han planificado algo tan grande que los trascienda a ellos mismos. **Creemos que nuestra obra termina con nosotros**. No tenemos una mentalidad de *mentores* y por eso pasamos por esta vida sin dejar **un legado**.

Hace unos días falleció el Rev. Juan Rodríguez, mi cuñado, esposo de mi hermana Ana. El mismo triste día, su hijo mayor, de tan sólo trece años, luego de llorar por un buen rato le dijo a mi hermana: *"Mamá, yo me voy a poner las pilas y voy a buscar a Dios para seguir las pisadas de mi papá y ser un predicador como él".* Eso es dejar un legado.

Conozco algunos hombres que son grandes porque tienen una posición o cargo, pero que cuando ya no la ocupen nadie los va a recordar; no dejarán una huella.

Son personas que han construido lo que son sobre la base de un fundamento temporal: *el liderazgo posicional.*

Conozco otros hombres que ya no tienen un cargo y sin embargo siguen siendo grandes. Ellos no usaron los cargos para señorear sobre los demás sino para **servir a los demás.** Son hombres que nunca se aferraron a nada y todo lo que construyeron no fue para ellos mismos. Ellos han tenido mentalidad de *generaciones*. Comienzan obras que continuarán sus hijos y nietos. Los nombres de estos hombres no estarán escritos en un viejo libro de actas. Estarán escritos en los corazones de sus discípulos, de toda la gente que ayudaron a crecer, de todos aquellos con los que compartieron lo que tenían.

Son hombres grandes para los cuales morir con las botas puestas no es un problema, porque tienen un Josué que las estará usando.

20

RAQUEL, LA DEL CORAZON HERIDO

Lo de Jacob y Raquel fue un *flechazo*. Amor a primera vista. Pocas veces he sabido que por amor, un hombre estuviese dispuesto a hacer todo lo que hizo Jacob por Raquel. Cuando pidió su mano, el padre puso un precio bien alto: 7 años de trabajo. En la Biblia son unos pocos versículos pero en la vida real fueron 2,500 largos días. Ella esperó, él trabajó. Ambos soñaron. No obstante, cuando llegó el día señalado, Jacob fue engañado por su suegro y le entregó a Lea, su hija mayor, con la excusa de ciertas tradiciones.

Imagine por un momento el corazón de Raquel... La noche de bodas con la que tanto soñó ahora estaba ocupada por su hermana mayor. A veces los hijos menores pagan las cuentas de los privilegios de los mayores. El amor de su vida estaba siendo compartido por otra mujer. Raquel, la oveja amada, según el significado hebreo de su nombre, estaba recibiendo una herida en su corazón.

Labán redobló el precio, 7 años más por Raquel y Jacob lo pagó. Todo por amor. Cinco mil días de trabajo por tenerla, abrazarla y amarla como soñó desde que la vio por primera vez junto al pozo de las ovejas. Fue entonces que comenzó la guerra.

Jacob tenía dos esposas, pero su corazón amaba a Raquel. Lea no cesaba de darle hijos para conquistar su corazón, Raquel no los podía tener y se quería morir. Jacob estaba frustrado. Todos querían lo que no podían tener.

En su desesperación por no poder controlar la situación, Jacob reaccionó cruelmente contra su amada, *¡por qué me reclamas a mí, yo no soy Dios, pídele a él que abra tu vientre y te de los hijos que quieres!* Nunca seas cruel con una mujer herida aunque hayas hecho todo lo que podías por complacerla.

El reproche de Jacob voló por los aires, atravesó la barrera del tiempo y viajó al futuro. Muchos años después, cuando él ya era un anciano y junto a sus hijos estaban literalmente en la ruina, viajaron a Egipto, muertos de hambre. Allí se topan con José, el hijo vendido que ahora es el segundo después del rey en el único país donde había comida.

Por qué me reclaman a mí, yo no soy Dios, pídanle a él… le dice José, el hijo de Raquel. *Todo lo que anuncias para los demás te vendrá a ti, cosecharás tu siembra*, le dijo Dios a Jacob un día que no quiso oir.

Pero Dios que es bueno, miró la agonía de Raquel y *"se acordó de ella"*. El deseo tan intenso que tenía de ser madre y el poder de Dios, rompieron su esterilidad. A veces Dios te pone cerca de otra persona que tiene lo que tú deseas, no es para torturarte, es para que ores y clames y te acerques más a él. Cuanto más cerca, más probable es que te escuche, que escuche el gemido de tu corazón. Raquel pudo concebir y dar a luz a José y a Benjamín. Qué alegría para su joven y tierno corazón herido!

Pero otra vez, otra maldición de Jacob surcó los aires. Lo que él menos quería era dañar a Raquel, no imaginaba la vida sin ella, ¿cómo matarla? ¡Jamás! Pero sin saber a quien estaban dirigidas sus fáciles palabras la sentenció ante su padre. *Quien robó los objetos de tu casa que muera!,* dijo Jacob a Labán.

Raquel los tenía, temerosa otra vez de que su padre los engañara y perdieran sus propiedades los había hurtado. Jacob no sabía. Sus palabras sueltas al viento, estaban hiriendo de muerte a la "oveja amada", la dulce Raquel. La del corazón herido.

Mientras atravesaban el desierto, sus dolores de parto se hicieron insoportables, sus criadas dijeron es ella o el bebé. Mientras el bebé soltaba el llanto, ella soltaba su último aliento de vida. Murió dando a luz. Jacob lloró como pocos hombres han llorado. Sus lágrimas regaron la tierra y su corazón se quedó a un lado del camino donde enterraron a Raquel.

Dios hizo todo lo que pudo, pero se le hace tan difícil cuando los hombres nos interponemos a sus planes.

Cuando nos apuramos, cuando queremos hacer las cosas a nuestra manera.

José creció y su historia es un libro aparte, pero a final el hijo de Raquel tenía un lugar clave en el plan de Dios para redimir a su pueblo y a su familia.

El sufrimiento de Raquel no fue en vano.

El reproche de Jacob voló por los aires, atravesó la barrera del tiempo y viajó al futuro.

21

LOS QUEMADOS

Hace unas semanas atrás alguien me contó una historia triste de abuso y frustración en el ministerio. Desde entonces tengo un sueño: que ya nadie salga *quemado* de la iglesia. ¿Qué son los quemados?

Son personas con mucho talento y potencial. Son muy trabajadoras y tienen un alto sentido de la responsabilidad, son detallistas y muy exigentes consigo mismo. Por ello, cuando se comprometen con un trabajo, lo hacen. Muchas veces hacen más de lo que uno les pide. Es la clase de persona que uno les da las llaves con confianza. Normalmente ellos son los que cierran y los que apagan la luz.

La iglesia y sus líderes los detectan rápidamente. Así de rápido también los reclutan. Ellos tienen una gran capacidad de servicio. Aman al Señor y a la obra. Son muy sensibles al llamado y a hacer la voluntad del Padre. Pronto los líderes y pastores se dan cuenta que estas personas pueden ser una gran ayuda. No es difícil involucrarlos. Muchos líderes sueñan con tener personal propio; entonces, con una "visión" grande y un salario pequeño, logran traerlos a trabajar con ellos. Muy pronto se dan cuenta de que ellos velan por todos los detalles, que uno puede viajar tranquilo, que son capaces de encargarse de todo.

Poco a poco se vuelven indispensables.

Gran parte del trabajo y las responsabilidades recaen sobre sus hombros. Estas personas son confiables y reservadas. Cuando sienten que deberían ganar más o recibir un reconocimiento no lo dicen. Ellos no se quejan. Quieren siempre ser parte de la solución y odian ser parte de un problema... aunque el problema les afecte. Son bien intencionados y se les ha dicho que en el cielo les aguarda una corona. Pero un día ven que alguien que no ha hecho nada recibe un premio, sólo por quejarse. Ven que el dinero que les decían que no había, como por arte de magia aparece para otra cosa. Ven que un recién llegado alcanza beneficios de la noche a la mañana. Mientras, en su mesa sólo hay más trabajo.

Un día se levantan y ya no sienten el mismo entusiasmo por ir a la oficina o iglesia, ni de ser el primero en llegar, ni de arreglar los problemas de su jefe. Ese día se convierten en *"quemados"*. Personas desgastadas se convierten en quemados cuando son conscientes de que están cansadas. Comienzan a cansarse cuando sienten que se les exige demás, cuando no ven recompensa justa para su trabajo, cuando sólo reciben excusas espiritualizadas, cuando son echados al lado. Por si fuera poco, cuando protestan porque su vaso ya está desbordado, les acusamos de "carnales e interesados".

¿Le suena familiar, una historia conocida?

He visto demasiados casos de personas de excelencia convertirse en quemados, personas contristadas, fatigadas y resentidas. Un liderazgo egoísta y abusador les ha tomado como quien toma un limón, lo exprime hasta la última gota y luego… lo desecha. Los quemados han escuchado muchas excusas. Han esperado tanto por promesas que nunca se cumplen. Están frustrados. Pero con un poco de culpabilidad y mucha dignidad, un día dicen "basta" y se van.

Por eso lo de mi sueño. Sueño que un día en la iglesia sepamos cuando dar honra al que merece honra y justa retribución al que la merece y ya no existan los quemados. Sueño con que aprendamos a **valorar a la gente de excelencia** y sepamos retenerla para beneficio del reino. Sueño con que no le pasemos a Dios las facturas de las cosas que tenemos que pagar nosotros. Que aprendamos a formar equipos de trabajo **de alta calidad** con las mejores personas pero estar conscientes de que eso no se logra sólo con promesas.

Sueño con que no abusemos de la capacidad de servicio de las personas. Que aprendamos **a amar** a la gente que trabaja con nosotros, **a motivarlos y a bendecirlos** como lo merecen. Las personas no son objetos desechables, son seres humanos, hijos e hijas de Dios. Si ellos nos bendicen con su talento y su trabajo, debemos protegerlos, cuidarlos y hacerles sentir bien.

Sueño con líderes y pastores como Jesús, quien valoraba a las personas al punto de estar dispuesto a poner su vida por ellas. Salvando las diferencias, porque la iglesia es una entidad de servicio no una empresa, hay algo que podemos rescatar de unas recientes declaraciones de **Steve Ballmer**, CEO de Microsoft, la compañía de Bill Gates. El dijo en una Escuela de Negocios en San Francisco: "*La mayor parte de mi tiempo en Microsoft la dedico a atraer a los mejores, retenerlos y motivarlos*". Cuando alguien le preguntó cómo ve a Microsoft en 25 años, Ballmer respondió: "*Lo único que puedo predecir es que tendremos buena gente. Y si tenemos buena gente y una posición actual de liderazgo, todo irá bien. La clave para lograrlo será poner a nuestra gente en la cima de nuestras prioridades*".

Los 3 amigos de Daniel en Babilonia no se quemaron cuando los echaron al horno de fuego. El Señor los guardó de la misma manera que puede guardar a aquellos que han estado o están en el fuego de la prueba. Él que es Juez Justo, va a pagar a cada uno conforme su obra, nada de lo que hacemos para Él es en vano. ¡Él prometió recompensar a quien deje algo por Él... hasta cien veces más!

Un par de veces me sentí en el "club de los quemados". Pero él siempre caminó conmigo y me sacó de ahí. ¡Ni mis ropas ni mi ministerio tienen olor a humo!

Todo depende de quién dependas.

La responsabilidad de los líderes es cuidar y proteger a sus obreros. La responsabilidad de los obreros es lo que dice Colosenses 3: 23 "*Y todo lo que hagáis, hacedlo de corazón, como para el Señor y no para los hombres; sabiendo que del Señor recibiréis la recompensa de la herencia, porque a Cristo el Señor servís*".

22

UN GIGANTE DETRÁS DE TI

Muchas veces en la vida, las cosas no salen como uno espera. Otras veces las personas no responden como uno creía. Son momentos de incertidumbre y confusión. Algunas veces alguien se levanta contra ti y de una manera arbitraria e injusta procura hacerte daño. Instintivamente uno trata de defenderse. Es una reacción natural, uno tiene el derecho de defenderse. Uno tiene la facultad, las habilidades y a veces los argumentos correctos para salir en su defensa. Es más, a veces ciertas situaciones son tan injustas que uno podría pedir que caiga fuego del cielo… o que bajen los ángeles con sus espadas en la mano. Uno tiene derechos, salvo que los ceda.

En más de una ocasión en la vida cristiana y más en la vida de un líder, tendremos que ceder nuestros derechos. Pero no me entienda mal. No se trata de ser frágil, tímido o indolente. Es una decisión que sólo los muy valientes la pueden tomar. Una decisión que se toma con el convencimiento de que **hay un gigante detrás de ti**, que está velando por ti y que llegado el momento va a defender tu causa.

A veces nos apresuramos en correr a nuestra defensa. Eso es peligroso porque movidos por el enojo y el rencor podemos cometer errores, herir a otros o ser aún más heridos nosotros mismos. Pensamos que no podemos dejar pasar esa injusticia, que debemos aclarar las cosas, que debemos *parar* al malo y hacerle frente al que nos acusa. Al final esta actitud puede tornarse en falta de fe. No estamos mirando al gigante que está detrás nuestro listo para defendernos. El orgullo herido nos lleva fuera de la cobertura de Dios y el diablo nos instiga a hacer justicia por mano propia.

Las reglas que rigen el liderazgo en el mundo, no son las mismas que rigen en el reino de Dios. El problema surge cuando queremos movernos con aquellas reglas y medirnos con la vara pagana. Hace poco un líder maduro que estaba siendo atacado y se encontraba bajo mucha presión, me dijo "Voy a dejar todo en manos de Dios, si yo estoy haciendo su voluntad él seguirá respaldándome". Todos le decían "defiéndete". El optó por dejar que lo defendiera Dios y pagar el precio de ser considerado débil.

Al final pasó lo que usted ya se imagina a esta altura. Dios lo honró delante de todos y le dio el respaldo poderoso de su presencia, ante la cual nadie puede osar decir una palabra. Como decimos en mi pueblo, hay que ser muy "guapo", muy valiente, para dejar todo en manos de Dios.

Hay un gigante detrás de ti. Tú puedes dejar todas las cosas en sus manos. Tú puedes cederle el derecho de que te defienda. **Será a su modo, en su tiempo**, pero no fallará. Si estás demasiado herido, no puedes arriesgarte a recibir más heridas. No puedes volverte un heridor. No puedes pagar daño con daño. **No debes golpear la mejilla del que golpeó la tuya.**

La Biblia dice que *"el ángel de Jehová acampa alrededor de los que le temen y los defiende"* (Salmos 34:7). El profeta Isaías anuncia el plan de Dios: *"Tu pleito yo lo defenderé y yo salvaré a tus hijos"* (Isaías 49:25).

Que hoy puedas decir con la misma seguridad que Jeremías: *"Jehová está conmigo como poderoso gigante"*.

23

LA CORTADORA DE CÉSPED

Hace un tiempo atrás viví una experiencia singular.

Mi casa tiene un patio trasero muy grande, bastante amplio que linda con los fondos de los vecinos que también son amplios. Ellos y nosotros tenemos algunos árboles y es frecuente ver a las ardillas subir y bajar de esos árboles, correr y luego desaparecer entre el pasto de un terreno al otro. Apenas llegamos observé que mis vecinos eran bastante prolijos en el cuidado de su patio, todos tenían el pasto bien cortado tanto en la parte de atrás como en el frente de las casas. Donde vivimos es una valle, una zona húmeda, por lo tanto hay muchos árboles y la grama crece muy rápido. Con el pasar de las semanas mi césped creció mucho. El de ellos siempre estaba cortito. Pronto me percaté de que en forma regular ellos cortaban su césped. Pronto también, mi casa se destacó por tener el césped demasiado alto. Al regresar a casa una tarde, me sorprendí al ver todo el césped cortado, tanto atrás como adelante. Uno de mis vecinos se compadeció y entró con su pequeño tractor y dejó aquello como la cancha de un estadio de fútbol. La alegría duró poco porque a la semana llovió otra vez y en pocos días nuevamente el pasto estaba muy alto y desordenado. Conclusión lógica, antes de que mi vecino volviera con su máquina me fui a comprar una cortadora.

Nunca en mi vida había cortado el pasto. Ni había manejado una cortadora. Mucho menos armarla. Regresé con la gran caja a mi casa y me dispuse separar las partes y estudiar el manual para poder armarla. Coloqué las ruedas, apliqué arandelas y tornillos, ensamblé las agarraderas y en unos cuantos minutos estaba casi lista. El problema apareció cuando traté de colocar una cuerda la cual tirando de ella debería hacer que el motor se encendiera. Probé de varias formas, saqué y volví a poner varias piezas pero nada hacía que funcionara. Tomé el manual, lo volví a leer, pero no entendía. Busqué un diccionario, pero tampoco así comprendía las instrucciones para instalar esa parte. Coloqué los dibujos del manual cerca del aparato armado, pero no coincidía. Le di varias vueltas pero no había manera de que me diera cuenta cómo encajaban aquellas piezas según el manual. Se suponía que el manual me iba a ayudar, pero la verdad me había confundido más. Luego de un par de horas llegué a la conclusión de que no podría hacer funcionar aquella máquina a menos que viera una ya armada y entendiera cómo iba ésa pieza que tanto problema me había causado. Entendiendo que no había otra solución, me fui a la tienda donde la había comprado y donde había visto las que estaban armadas como muestra. Cuando llegué y me incliné para ver una cortadora armada y funcionando me di cuenta al instante de cómo era el asunto. Volví a casa y en cuestión de segundos tuve lista mi cortadora.

Este hecho me llevó a reflexionar acerca de que muchas personas no entienden la Biblia. Nosotros decimos que es el "*manual de operaciones*", que allí están todas las instrucciones para ser un creyente y alcanzar las bendiciones de Dios. Pero la verdad es que mucha gente no entiende nada cuando toma el manual por primera vez. Entonces necesita ver *un modelo armado.* Necesita ver a otra persona. Necesita ver a un creyente y comprobar como funciona esto del evangelio. Lamentablemente hay creyentes que dicen "no me mires a mí, mira a Cristo". Con esto se excusan y evaden la responsabilidad de ser el ejemplo y el modelo que todos los hijos de Dios tenemos que ser para los que no creen.

¿Si no te miran a ti, a quién van a mirar?

¿Cómo van a ser bendecidos si no entienden el manual y no hay un modelo en el cual puedan ver las instrucciones de aquel manual hechas realidad? Muchos van a creer cuando la mejor explicación de la Biblia sea la propia vida de los que creen en ella.

24

LAS VIUDAS DE HOY

Con mucha razón un amigo me dijo hace poco **"las mujeres divorciadas son las viudas de hoy"**. Estábamos hablando de la gran cantidad de divorcios que se producen hoy en día y de cómo las iglesias cada vez más, tienen personas divorciadas entre la congregación. Yo le dije que tenemos que prepararnos pues en este siglo 21 mucha de la gente que llegará a las iglesias serán divorciados, aunque en tono sarcástico alguien dijo que en el presente siglo no habrán más divorcios sencillamente porque no habrán más casamientos.

Las estadísticas insisten en señalar que los divorcios continuarán. Más allá de las cuestiones doctrinales, es un hecho que en las iglesias cristianas hay muchas personas que han roto su compromiso matrimonial y es un hecho también que muchas están en la iglesia por esa razón. Para algunos *sólo la iglesia como comunidad de amor y refugio, puede ayudarlos a superar una crisis emocional tan fuerte como la separación.*

No obstante lo anterior, cierto es también que sin querer a veces la iglesia practica una suerte de marginación o discriminación con los divorciados o personas solas en general. Esto sucede cuando se organizan encuentros de parejas, seminarios sobre familia, cena de matrimonios y reuniones similares. Casi nunca se invita o se anima a participar a los divorciados o solteros mayores. Algunas iglesias forman un grupo de solteros, (no he sabido que alguna tenga hasta el presente un grupo de divorciados), pero de una manera o de otra estas personas quedan marginadas. Quizás no haya nada que les interese más o les preocupe más a los "solos" que **la familia**. Los que no han formado una aunque ese es su sueño y porque a veces tienen dudas y temores respecto a si serán capaces de formarla. Los que la tuvieron y la perdieron porque sueñan con olvidar los dolores del pasado y encontrar la manera de rehacer sus vidas. Agréguele a ello el hecho de que a veces a la mujer o al hombre divorciado, sobretodo a la mujer, se le mira con cierto recelo en la iglesia.

Para algunas esposas parece representar una suerte de amenaza, para algunas madres un mal ejemplo para sus hijas, para algunas solteras un símbolo de fracaso... Algunas mujeres divorciadas finalmente no encuentran en la iglesia el afecto, el refugio y el apoyo que estaban buscando.

Mi amigo señalaba que en la época en que Pablo escribió, él hacía hincapié en que la **iglesia debía preocuparse y atender a las viudas**. También Santiago señalaba como muestra de la verdadera religión **"visitar a los huérfanos y a la viudas".** Jesús mismo ayudó y ministró a las viudas y a lo largo de todo el Antiguo Testamento Dios exhortó a su pueblo a cuidar y a proteger a sus viudas. Más de cincuenta veces aparece en las Escrituras la preocupación de Dios por las viudas y los huérfanos.

Evidentemente hoy en día son pocas las viudas que pueden haber en una iglesia. A ellas sin duda, hay que ayudar. Pero en contraste, son muchas las mujeres divorciadas y cada vez en mayor número. Quizás no sea necesario, como en la época antigua, ayudarles financieramente o sostenerlas íntegramente, aunque puede haber casos en que sí. Lo más importante tal vez sea sostenerles y ayudarles emocional y espiritualmente. Muchas personas llegan luego de una separación devastadas emocionalmente, deprimidas y con fuertes sentimientos de fracaso y frustración.

Qué bueno sería que la iglesia instrumentara formas y estrategias para ayudar a estas "viudas de hoy". Qué bueno sería que se levantaran ministerios específicos en esta área. Estoy pensando que muchas esposas y mujeres mayores maduras y sólidas en la fe, podrían encargarse de esta tarea fundamental. No se necesita mucha técnica, solamente la disposición de dar mucho calor, afecto y comprensión. Amor cristiano.

Quizás un poco de eso dicen los versículos 4 y 5 del Salmo 68 *"Cantad a Dios...Jehová es su nombre... alegraos delante de él. Padre de huérfanos y defensor de viudas es en su santa morada"* o el versículo 9 del Salmo 146 *"Jehová guarda a los extranjeros, al huérfano y a la viuda sostiene."*

Las viudas de hoy pueden ser un instrumento en las manos de Dios si la iglesia las recibe y las discipula sin prejuicios y con compasión.

Quizás no haya nada que les interese más o les preocupe más a los "solos" que la familia.

25

LA CULPA

Desde que se inventó, la culpa siempre la tiene el otro. La culpa la tienen los terroristas, los capitalistas, el FMI, los religiosos, los ateos, los patrones, los sindicalistas, los ricos y los políticos. En el país la culpa es del presidente, del vice, de los senadores y de los diputados… y de los que los votaron. En el barrio la culpa es del intendente, del perro del vecino, del amigo de la nena, del goleador que erró el penal, del coach que no lo quita del equipo. En la escuela la culpa es de la maestra, de la directora, del niño y de los padres del niño. En la familia la culpa es de la suegra, de la cuñada, del ex, del mal hijo y del padre ausente. Como tenemos vocación por echarle la culpa a alguien las cosas no se arreglan porque nadie es responsable. Además no hay gente disponible porque todos están ocupados buscando a quien culpar.

La culpa la tienen los que construyeron el puente, porque si no lo hubieran construido no lo cortarían. No, la culpa la tiene el que inventó el papel porque si no lo hubiera inventado no habrían procesadoras de papel. Al fin y al cabo el río estaba tranquilo, sin puentes y sin papeleras. Lleno de peces y de agua limpia. Pero los puentes nos unen y el papel nos comunica. Somos gente moderna y estamos en el siglo veintiuno. Pero seguimos peleando como en el siglo primero. Si esto está mal que venga Dios y lo diga.

El vino pero no lo escucharon. Nadie escucha porque todos gritan y si tú no gritas no juegas. Y si no juegas no existes, y si no existes molestas. Y si molestas es tu culpa.

Como todos culpamos porque no queremos tener la culpa, al final es lo único que nos queda. Dice la canción de Jorge Drexler: *Cada uno da lo que recibe, luego recibe lo que da*. La Biblia dice en el libro de Proverbios que *"nuestro vientre se llenará de lo que decimos"*. Jesús enseñó a sus discípulos que lo que contamina al hombre no es lo que entra por sus oídos sino lo que sale por su boca. Lo que decimos nos vuelve. Lo que hablamos nos sana o nos enferma. Nos levanta o nos destruye. El poder de la palabra hablada. La confesión de la boca. El poder de la lengua.

Somos a la vez una sociedad culposa y culpable, gente que culpa y gente que se siente culpable. Estamos llenos de culpa. *No fui buen hijo, no soy buen padre, no terminé la carrera, fracasé como pareja, no sé por qué no me voy, no puede creer, no tengo ganas, no tengo fuerzas, no tengo tiempo, hice todo mal, no sé que será de mi vida.*

Cuando Cristo subió a la cruz fue para hacer algo tan específico y poderoso a la vez. Subió para quitarnos la culpa. Subió para pagar por nosotros la grandísima deuda que teníamos con Dios. La Biblia dice que él con ese acto, "anuló el acta de los decretos que nos era contraria". Nos hizo gente libre de culpa y limpió nuestro acceso a Dios. El quitó de nuestros hombros la pesada mochila de la culpa, ya nadie la tiene que llevar… a menos que quiera.

Desde que se inventó, la culpa siempre la tiene el otro

26

EL SUEÑO AMERICANO

Muchas personas sueñan con el sueño, el sueño americano.

Entonces comienzan a trabajar en busca de ese sueño. Es una meta y a veces una obsesión. Las personas se imaginan lo que quieren, lo que hay que tener, lo que van a comprar. Pronto se van en busca del crédito, del préstamo, del dinero que necesitan. Pero al principio no tienen historial, nunca han pedido nada, no hay record. Entonces no les dan el préstamo. Les dicen que tienen que tener historial, que primero necesitan hacer un crédito, aunque sea pequeño.

¿Como tener lo que nunca han tenido para que les den lo que nunca han pedido? Luego de varios intentos consiguen su primer crédito. El sueño no va a ser tan fácil. Cuando se abre la puerta del primer crédito una nueva era comienza. Como por arte de magia comienzan a llover las ofertas de nuevas tarjetas. De todos colores, de todas las marcas, con muchas letras chiquitas y con unos intereses gigantes.

Muy rápidamente la primer tarjeta, se convierte en la segunda, luego la tercera y hasta la cuarta... Con las tarjetas de crédito las personas *compran lo que no necesitan con dinero que no tienen*. Compran, compran y compran. Un día advierten que tienen que pagar, así que ya no trabajan para comprar, ahora *trabajan para pagar.* Las cuentas se acumulan y los intereses suben. Un salario no alcanza, así que deben buscar un nuevo trabajo o trabajar más horas. El tiempo del descanso ahora es tiempo de trabajo extra.

Han comprado muchas cosas, pero en verdad no pueden disfrutarlas, no tienen tiempo. Están trabajando mucho para pagar. Al poco tiempo las deudas son más altas que los ingresos. Necesitan un préstamo salvador, pero cuando van a buscarlo les dicen que no. Lo mismo que la primera vez, pero esta vez el argumento es que tienen mucho historial, muchas cuentas abiertas, mucho por pagar.

El sueño se aleja, las deudas se acercan. El sueño es demasiado caro, el tiempo, la vida, demasiado corta. Cuando las personas terminan de pagar casi terminan de vivir. Han sido largos años de esfuerzos para salir de las deudas. Muchos días fuera de la casa, lejos de la familia, lejos de los hijos, pocas horas de sueño para atrapar el sueño.

Quizás ha habido un error. El sueño americano no debe estar basado en cosas. Las prioridades no pueden ser tener, comprar, acumular. La felicidad no puede depender de nada material. La familia no espera, los hijos tampoco. Cada día, cada mes y cada año con la familia vale más que cualquier objeto.

Deberíamos hacer cirugía plástica con las tarjetas, tomar unas grandes tijeras, cortarlas y dejar de usarlas. Comprar cuando tenemos el dinero para hacerlo. Probado está que cuando pagamos al contado gastamos menos.

El sueño americano está al alcance de la mano de cualquiera que entienda que los valores, los afectos, los amigos, la familia y vivir el presente vale más que un auto del año, una ropa de marca o una residencia en un barrio privado.

27

LA MUERTE

La muerte es una cosa irracional y agresiva. Es una gran boca que te quiere tragar. No le importa que tengas hijos, amigos, proyectos y sueños. Es un monstruo insensible que se cree que todas las víctimas son fáciles. Siempre tiene hambre y sale en las tardes de lluvia, le gusta esperar agazapada al lado de las rutas y autopistas. Le gustan especialmente los autos cargados con familias enteras. Ayer esperó por mí y mi familia. Cuando me vió se lanzó sobre nosotros. Pensó que esta vez también sería fácil. Pero se equivocó. Nunca es fácil con los hijos de Dios. La muerte no tuvo en cuenta algunos detalles. Desde el primer día mi auto estaba cubierto con la sangre de Cristo, no era una protección para el sino para los que viajamos en el. Segundo, íbamos a hacer el trabajo del reino. Tercero, el ángel de Jehová que acampa alredor nuestro está siempre atento y es poderoso. La muerte es una cosa irracional y agresiva, pero cuando Dios extiende su mano sobre su hijos, cual un perrito asustado la muerte se va a su rincón. Ella sabe que es inútil tratar de impedir el propósito de Dios.

Durante 30 segundos vi la cara burlona y enloquecida de la muerte. Sacudió mi auto con nosotros adentro. Dimos varias vueltas sobre las ruedas mientras a nuesto lado pasaban sin tocarnos y a gran velocidad otros autos y camiones. Fue un milagro. Caimos sobre una zanja entre las dos vías. Aturdidos y nerviosos. Llovía y las sombras de la noche estaban cayendo. Es un momento tan especial, no sabes bien que pasó, las chicas lloraban, te sientes el hombre más solo en el mundo. Son unos segundos. Hasta que ves llegar las luces de los autos de la policía, los amigos que llegaron casi igual de rápido y detrás de ellos ves la formación de ángeles con sus ropas chamuscadas haciéndote el saludo militar, son los escuadrones SWAT que Dios pone al servicio de sus santos. Esa mañana sin saber ni presentir nada, escribí en Facebook "Dios es fiel...aunque nuestras emociones son cambiantes, sus promesas son eternas."

Anoche aprendí varias cosas:

1- Si Dios te da una promesa respecto del futuro ni la muerte puede impedirla.

2- Si Dios te dice que va a hacer algo contigo en el futuro, él no miente, lo hará pase lo que pase.

3- El propósito de Dios es más fuerte que la muerte.

4- Si la muerte te espera al lado de la carretera en las tardes de lluvia, no la ayudes. Cuanto más lento pases a su lado menos daño podrá hacerte. El que tiene oídos para oir que oiga.

5- Cuando pierdes el control, ya los frenos no sirven más. Es ahí cuando el ángel de Jehová se lanza sobre tu auto y lo envuelve entre sus alas. Cuando pierdes el control, Dios asume el control.

6- El Salmo 34 dice que el ángel del Señor "acampa" alrededor de los que le temen y los defiende. Es decir él tiene un campamento alrededor tuyo.

7- Si vas con 3 personas más en el carro tienes que orar tres veces más, tener tres veces más cuidado, vale tanto cada vida!

8- Un amigo que llega a estar contigo en un momento así vale tanto como una ambulancia y un equipo médico.

9- No sé por qué pasan las cosas, pero Dios estará ahí cuando pasen y eso es más importante que cualquier explicación y cualquier consecuencia. Dios no está en los templos, Él está donde están sus hijos.

10- Siempre ponte el cinturón de seguridad. Sin él hubiéramos volado lejos con tantos golpes que se dió el auto. Efesios 6: 14 hablando de la armadura de Dios, lo dice bien "ceñidos con el cinturón de la verdad".

No seas dirigido por una mentira, protégete con la verdad. La verdad es que "a los que aman a Dios todas las cosas le ayudan para bien".

28

HAY DIAS

Hay días que quisieras escaparte y regresar. Meterte al túnel del tiempo o tomar en tu mano el tiempo y arrugarlo como una hoja de papel y decir, todo esto no pasó. Entonces levantar la mirada y observar que a tu alrededor todo está igual... La casa de tus papás, tus hermanos jugando, el olor de la comida del domingo, el mismo sol, aquellos amigos. Hay días en que quieres meterte de nuevo en la foto, cuando éramos unidos y estábamos juntos. Cuando a nadie se le ocurrían las distancias, y pensábamos que siempre seríamos pequeños, que siempre jugaríamos a la pelota en la calle, que nadie se iba a morir, que una casa bastaba para todos. Hay días que darías todo el oro del mundo para volver a estar aunque sea un minuto, en uno de aquellos momentos perfectos. Tomando la leche en la tarde, acariciando el rostro sin afeitar de tu padre, haciendo un dibujo lleno de amor para el día de la madre, pensando que le harías miles, uno cada año o cada mes... y sólo fueron dos o tres. Los días sin heridas, sin temores, cuando se cerraba la puerta después que entraba el último. Cuando ni en sueños pensabas faltar a un cumpleaños y ahora no puedes ir a ninguno. Y te sientes afuera, lejos, mirando por el cristal empañado de la ventana del tiempo que lindas cosas ocurren allá lejos y hace tiempo. Luego te das vuelta, como un forastero que espió por la venta en una casa ajena, metes tus manos en los bolsillos y con una lágrima en la mejilla te pierdes en la oscuridad de la noche... Mañana será otro día y amanecerás en la realidad que elegiste. Pero hay días...

29

PROPOSITO Y SORPRESA

En el día de mi cumpleaños de 50 fui sorprendido por Dios con una revelación sorprendente.

Como muchos saben, desde pequeño me gustó escribir y el periodismo. A los 17 años comencé a trabajar en el diario El Día del cual salí 10 años después para comenzar el periódico El Puente Uruguay. Fui su director por 13 años.

Casi toda mi vida compartí mis energías entre el periodismo escrito y el ministerio pastoral. En el año 2000, a la edad de 37 años fui invitado a trabajar como Editor de la Casa de Publicaciones en Español de la Iglesia de Dios con sede en Cleveland, TN (Editorial Evangélica). Allí conocí la vida y obra de Vessie Hargrave un misionero, escritor y fundador de la Editorial. Muy pronto se convirtió en un héroe para mí. El fue un pionero, pastor, escritor, supervisor, misionero y educador. Viajó y predicó en más de 100 países, estableció 50 escuelas bíblicas, escribió 15 libros, solo por United acumuló más de 1 millón de millas. Fue director de Misiones Mundiales. Nunca lo conocí. Pero siempre lo admiré.

Esta mañana comenzamos el día de mi cumpleaños tomando mate con mi madre y recordando historias del pasado. Entonces mientras nos divertíamos escuchando los detalles de cómo conoció y se enamoró de mi padre, ella me contó algo que yo no sabía: que por encontrarse en una gira, el reverendo Vessie Hargrave había estado presente en la boda de ellos!

Antes de que yo existiera mi héroe estuvo en la boda de mis padres!! Con el corazón agitado, corrí a mi biblioteca. Busqué la revista aniversario de la Editorial Evangélica y le enseñé a mi madre la galería de fotos.

Ahí aparecemos: el Dr. Vessie Hargrave fue el primer editor y yo fui el último.

30

CUATRO ALEGRIAS

La escena se quedó grabada en mi memoria emotiva. Mis cuatro hijas y mi esposa conversaban animadamente en el gran sofá que tenemos aún, frente al televisor en lo que llamamos el *family room*. Esa noche de Septiembre de 2008 yo supe que sería la última en que estaríamos todos juntos en mi casa como familia. Un día después sería la boda de mi hija mayor y ella ya no regresaría a nuestra casa. Por esos días también mi segunda hija se estaba marchando a la universidad dejando otro cuarto vacío, al cual ya no volvería. No lo dije, pero darme cuenta del hecho me hizo sentir un poco triste... Es que ellas son mis cuatro alegrías.

Ellas son las razones que me hacen sentir realizado en la vida. Son una fuente permanente de gozo y placer. Además de quererlas con toda el alma, yo las admiro profundamente. Ellas han heredado lo mejor de su madre y de mí. Una nueva creación para nuevos propósitos.

Camila fue la que llegó primero. Nunca olvidaré ese día en que experimenté la sensación de ser padre por primera vez. Luego de que nació y pasó todo el estrés, me escapé solo a un bar cercano, llovía y pedí un café. Fueron unos minutos eternos saboreando las dos cosas.

Camila es fiel y responsable. Es una persona confiable y esforzada, con un corazón muy compasivo. Nunca se cansa. Es muy segura de sus convicciones y una madre y esposa de lujo. Me ha hecho abuelo ya dos veces! Ella ama a los niños y será una bendición para generaciones.

Lucía vino después y trajo una gran alegría a nuestro hogar. Lucy como le decimos en casa, ha sido siempre una niña de espíritu libre, audaz y emprendedora. Con gran valentía ha superado cada obstáculo para alcanzar sus sueños. Es amiga fiel de sus amigas y tiene una carga muy fuerte por los que sufren y los más débiles. Es muy generosa, si le piden sus zapatos, te los da. Ella recibirá mucho por haber sembrado tanto en tantas vidas.

Sofía trajo más sonrisas a la familia. Es la de sonrisa fácil. Alegre y soñadora. Siempre buscando las alturas. Con natural carisma las puertas se abren donde ella pasa. Tiene una simpatía innata que hace que las personas se le acerquen con facilidad. Es enfocada en sus metas y muy hábil para los negocios. Ya ha subido a mi púlpito un par de veces. Ella conectará multitudes para salvación y esperanza.

Estefanía es la más pequeña, la protegida por todos. Heredó los genes musicales, pero es muy estudiosa e inteligente. Nunca pide nada y nunca dice no cuando le pides algo. Es compañera, siempre dispuesta a escuchar y sensible a las necesidades de otros. Tiene alma de artista, ama la música, los amigos y es una lectora incansable. Ella marcará la vida de muchos.

Claro está, estas líneas por que son escritas de manera muy subjetiva por un padre orgulloso. Tómelas más bien, como un pequeño homenaje a cuatro mujeres, mis hijas, que cada día alegran mi corazón, me llenan de esperanza sobre el futuro y me enseñan mucho sobre la vida.

No he sido el padre perfecto, pero siempre estuve aquí.

PROXIMAS PUBLICACIONES DE

M.E.N.T.O.R.

"EDUCANDO A LOS HIJOS DEL SIGLO XXI"
por Ana y Andrés Miranda

"Manual de NUEVOS Estudios Bíblicos para Células y Grupos Familiares"
por Andrés Miranda

"100 PREGUNTAS SOBRE SEXO y MATRIMONIO QUE LA GENTE HACE"
Por Ana y Andrés Miranda

Haga su Pre- Orden hoy:

www.mentorinternacional.com
o al Tel. 1 (423) 284-1212

MENTOR, LLC
PO BOX 4944
Cleveland, TN 37320-4944

M.E.N.T.O.R.
www.mentorinternacional.com